Jugando a
MORIR

MARTHA CASTELLANOS D.

Fotografías por Adilfa Ford
801-967-9106
adilfa@donpolo.com

Don Polo
Photography by Adilfa

Este Libro fue impreso en los Estados Unidos de América.

Fecha de revisión: 26/10/2013

Para realizar pedidos de este libro, contacte con:
Palibrio LLC
1663 Liberty Drive
Suite 200
Bloomington, IN 47403
Gratis desde EE. UU. al 877.407.5847
Gratis desde México al 01.800.288.2243
Gratis desde España al 900.866.949
Desde otro país al +1.812.671.9757
Fax: 01.812.355.1576
ventas@palibrio.com
432146

AGRADECIMIENTOS

A Kathia que tanto me animó a publicar este libro.
A Danny por su ingeniosa ayuda, por su arte y paciencia.
A mis nietas Vanessa, Ali y Julie e Isabella, por prestarme sus
lindas imágenes para ilustrar los poemas.
A Adilfa Ford: Por su tiempo y talento para realizar las excelentes fotografías.
A Orlando Gómez: Por originar tan expresivo prólogo.

Pero especialmente a Dios por hacerse cargo de mí vida

DEDICATORIA

Para los dos grandes amores de mi vida; que con su pasión,
amor y desamor, promesa y falsedad, apoyo y abandono, imbuyeron estos versos.

También para los frutos de este amor, mis adorados hijos:
Kathia, Arturo, Tatiana, Christian y Daniel.

Y para los frutos de esos frutos, mis maravillosos nietos:
Vanessa, Joshua, Alexandra. Johnny, Michael, Sara, Lucas y Jeff. De quienes
estoy tan orgullosa.

PRÓLOGO

Mucho más que poesía

"Vendrá la muerte y tendrá tus ojos"

Cesare Pavese.

Hay muchas reflexiones sobre sus lecturas. Como esta: Arthur Rimbaud decía que "el poeta se hace vidente y que llega a ser entre todos el gran enfermo, el gran maldito y el supremo sabio y hacedor, pues llega a lo desconocido".

Y sí: Martha Castellanos, lo ha logrado. La suya es la poesía del drama espiritual y del verso libre; sencilla, pero vigorosa; una poesía impresionista que sugiere antes que describir. Como diría Verlaine, "es música por encima de todo". Digamos que su obra está atravesada por el paso de fronteras que no son de este mundo y es allí, en estos cruces, donde la oscuridad se suspende y galaxias luminosas esperan ser traspasadas.

Ella escribe, con la experiencia del amor, del exilio, de la esperanza y la soledad creyendo en el poder transformador del arte, para hacernos más conscientes de nosotros mismos y de lo que nos rodea. Su prosa delicada fluye rítmicamente al vaivén de la música el agua y los espejos, fundiendo sueño y realidad en un mismo plano, profundizando en los recovecos misteriosos del ser, en un lenguaje magnético y preciso como tratando de conservar el equilibrio perfecto entre los sonidos y el silencio.

Quiero amarte entre sombras,
que tus manos no vean
la cicatriz que el tiempo
en mi piel ha tatuado.
Quiero amarte entre sombras,
lamiéndote el recuerdo.
Que tu ardoroso cuerpo
destruya mis murallas
Y mancille el recinto
resguardado al deseo.

Y los diques derrumbe
con tsunamis de fuego.
Entre sombras, la llave
de mi pudor no existe.
Me exonero de culpas
escapo de mi limbo.
Y se expande mi cuerpo
más allá de mis huesos.
Quedo a célula viva
a merced de tus besos.

Y, también, hay análisis de situaciones emocionales:

Extendí los brazos
queriendo atraparte.
Buscando tú amparo,
tu piel, tu desnudez.

Pero a un solo roce
te me quebraste
entre las manos
como un frágil cristal.

Es, pues, ésta una poesía sencilla y vigorosa, renovadora y siempre joven.
Por supuesto que, a veces, podemos estar en desacuerdo con ella, pero no podemos ignorarla,
por la pasión, la fuerza y la lucidez con que asume ciertas circunstancias:

Estoy aquí, de blanco…	*Me revuelco en la nieve,*
Sobre la nieve blanca.	*para apagar mi brasa.*
Y derrite la nieve	*Y se inunda la tierra*
el calor de mi ansia.	*con diluvios de lava.*
El fuego que me quema.	
La lumbre que me abraza	

En otras palabras, todo un camino que se convierte en una sinuosa historia en la que aparecen
condensados los elementos de su narrativa y su poesía: la soledad, la búsqueda de las raíces,
la alienación del mundo urbano y la mitificación del país de la infancia. Un vibrante drama que
abunda en frases sentenciosas:

¿Por qué....	*¿Por qué…*
	La extraña sensación
Los ojos tan inertes	*de ser extranjera*
y el corazón tan vació?	*en todas partes?*

Hay que aclarar, de todas maneras, que esta poesía no es fácil, ni lírica y no hace ningún tipo
de concesiones: es como si fuera un clásico moderno. La tradición y la vanguardia. Así, tal
como Ezra Pound, a veces Martha nos da a entender que la mejor manera de ver el pasado o
el presente es reinventándolos. Digan si no:

Como quisiera irme….Irme…	*por un hilo invisible*
Como un globo de helio,	*a la atmósfera halada.*
con el alma empujando	
las paredes del cuerpo.	*Atravesar galaxias*
	y rozar las estrellas
Y perderme a lo lejos	*y llevarme enredadas*
por el viento arrastrada,	*las gaviotas más bellas.*

El viaje que emprende será un descubrimiento de sí misma y un peligroso cruce de los límites que nunca pensó transgredir. Son estos, verdaderos poemas del alma.

En realidad lo que hay detrás de cada línea es un amor eterno y el miedo a una belleza que huye.

Leí el poema 'Jugando a morir' y tengo que admitir que es verdaderamente escrito con el corazón y que demuestra que la autora no teme expresar lo que piensa. Mejor dicho, levantar la voz como lo hace ella requiere mucho valor:

Este juego

a estar muerta no me obliga,

a contemplar:

Esas miles de manos,

levantadas,

implorando impotentes

la justicia.

Y esas miles de bocas

por el hambre calladas

y el valor de los hombres

humillado,

y el color de los hombres

despreciado,

y el orgullo del hombre

doblegado

Sin duda alguna, la relación escritor-lector es la espina dorsal de cualquier narración. Esta mujer sabe que la realidad se puede fragmentar, inventar y rehacer.

Martha nos demuestra, en fin, que las ideas no necesitan excusas para existir y flotar en libertad. Y algo importante: que los dioses no nos han abandonado porque no pueden vivir sin nosotros y que el lenguaje bien utilizado es lo único que tenemos al alcance para encontrar la esperada revelación.

Hace unos años, analizando su poesía para otra publicación, dije:

"fantástica unas veces, desesperada algunas, erótica otras. Podría decirse que en sus escritos hay como una visura donde podemos ver lo que se nos oculta, espía del verbo, voyerista de lo invisible…".

Vale la pena, entonces, tener este libro y es una fortuna que conozcamos estos poemas. Pero, ojo: hay que tener mucho cuidado con todo lo que escribe Martha en esta ocasión: es capaz de convencernos. Lean y verán.

Orlando Gómez León.

Editor del periódico "LaHora"

COMO LEER POESÍA

Lee un poema = Tómate un vino\

Existen muchas personas que ya no gustan de la poesía, especialmente
en esta época, en que se vive tan tecnológica y apresuradamente.
Coexistimos en una vorágine donde si no te apresuras no llegas a ninguna parte.

¿Quién tiene tiempo de detenerse a contemplar como lo que ayer fue un botón
en nuestro jardín, hoy es una rosa?... Nadie.

Pienso que la poesía ha dejado de gustar porque se olvidó como leerla.
Y como tampoco se ha ejercitado a hacerlo, es imposible entenderla
y menos disfrutarla. Aprender a leerla es fundamental.

La poesía no puede leerse de corrido como se lee un periódico o una novela.
Sería absurdo. No alcanzaría a captarse su música.

Podría ejemplarizarse, más bien, con el acto de tomar un buen vino.
¿En dónde te tomarías una copa de delicioso Cabernet?
¿Qué sitio elegirías?
Imagino que un apacible lugar de tu casa, donde no haya ruido estruendoso,
en una cómoda silla donde te puedas olvidar de las molestias de tu cuerpo.
Con una luz agradable, y atmosfera cordial.
Tomarías   la copa, la observarías, contemplarías el cristal límpido y traslucido.
Te atraería el color brillante y un poco cabalístico del licor.
Sin quererlo un delicioso aroma a madera, a frutas secas, a especias
acariciaría tu olfato. Acercarías el líquido fascinante a tus labios
y darías un pequeño, muy pequeño sorbo. Lo detendrías en tu boca,
tratarías de descifrar que contiene, ¿Que madera?
¿Qué combinación de frutas? ¿Qué especies? ¿De qué época parece ser?
Agitarías un poco la copa, aspirarías de nuevo su aroma,
tomarías otro ligero sorbo, tú lengua lo gustaría.
Y cerrarías los ojos para aspirar el sabor.

Te quedarías unos momentos así, con la cabeza reclinada sobre el cómodo
respaldo de tu silla tratando de paralizar, de retener ese gusto
que empezaría a cautivarte.
Lo calarías muy, muy lentamente, lo sentirías
en tu garganta, en tu esófago…detectarías todos sus componentes.
Sentirías un relajante placer. Así continuarías disfrutando sorbo a sorbo,
lentamente…

Y en ese momento comenzarías a sentir la agradable sensación
de una suave embriaguez.

Son iguales las condiciones para leer poesía, valorarla, discernirla
y disfrutarla.

Sigue con la lectura de la poesía los mismos pasos que realizas
para tomar tu vino…lentamente, sorbo a sorbo, degustando, saboreando.

Y te aseguro que la poesía también lograra embriagarte.

ÍNDICE

Jugando a
MORIR

Poemas

JUGANDO A MORIR

A veces me gusta jugar…
Jugar a estar muerta.
A desgonzar los brazos
hacia abajo,
a relajar el cuerpo todo,
a no dejarme penetrar
por los sonidos,
a no resucitar
por el canto de un pájaro.

Juego a no sentir nada…
Ni el dolor,
ni el miedo,
ni el presentimiento.
Juego a sentir
lo que sienten
los muertos,
para des-sentir
miedo de los vivos.

Este juego a morir
es más que éso…
Es engañar las sensaciones,
descansar de la rabia,
del deber, de la lucha constante
para ser querido.

La guerra terminó,
terminó el hambre,
terminó el criticismo.
que es como un juzgamiento
sin defensa,
que es como un fusilarte
sin permiso.

Se terminó el dolor,
de ver al hijo
con las drogas pudriéndose
la sangre,

De mentiras pintándose
el cerebro,
amarrando el amor
al desencanto.
Y soñando volar,
tender las alas,
sin ver los grillos
en sus pies descalzos.

Se terminó el dolor
de ver al ser querido
vendado y ciego,
con el amor jugando a la gambeta
y queriendo atraparlo
entre los brazos
sobre los precipicios
de la vida.

Este juego
a estar muerta no me obliga,
a contemplar
esas miles de manos,
levantadas,
implorando impotentes
la justicia.
Y esas miles de bocas
por el hambre calladas,
y el valor de los hombres
humillado,
y el color de los hombres
despreciado,
y el orgullo del hombre
doblegado.

Este juego a morir es delicioso,
es reírme muy quedo
y quedarme muy
quieta y muy callada
cuando pasa buscándome…La vida.

QUIERO AMARTE ASI

Quiero amarte entre sombras,
que tus manos no vean
la cicatriz que el tiempo
en mi piel ha tatuado.

Quiero amarte entre sombras,
lamiéndote el recuerdo.
Que el magma de tu cuerpo
destruya mis murallas

Y mancille el recinto
resguardado al deseo.
Y mis diques derrumbe
con tsunamis de fuego.

Entre sombras, la llave
de mi pudor no existe.
Me exonero de culpas,
escapo de mi limbo.

Y se expande mi cuerpo
más allá de mis huesos.
Quedo a célula viva
a merced de tus besos.

Y penetro en un túnel
de amapolas y aromas,
de palomas cautivas
y mariposas ciegas.

Y en ese laberinto
de extraños arabescos
voy perdiendo mis remos
voy perdiendo mis alas.

Quiero amarte entre sombras
desterrando mí angustia.
Y entre estrellas difusas
levitar a tus brazos.

Que no me quede un poro
sin huella de tu boca.
Y ser por esta noche
una mujer tan solo.

El viento se ha enroscado
para dormir su insomnio.
Y la luna en puntillas
su presencia retarda.

AMANTE QUE ESPERABA

El tiempo no tuvo
compasión
de la lozanía de mi piel.

No tuvo misericordia
el sol,
de la fruta de mi boca,
ni el calor
del desierto
respetó la seda de mi pelo.

En leche, miel
y el zumo del olivo
me sumergí.

Con esencia de rosas
me bañe.
En extracto de nardos
y romero
hundí todo mi ser.

Pero mi cuerpo
se secó
como los dátiles
de Egipto.
Mi higuera no produjo
más fruto
y fue cortada.

Mi corazón se canso de esperar
y se durmió sin dolor
sobre tu eterna ausencia.
Cupido no traspasó
con sus flechas
mis ocultos anhelos.

 Me quedé viuda
antes de que murieras
y mis besos se desgranaron
en la tierra desierta.

No llegaste a tiempo…
y mis brazos tibios y amantes,
como vientre
de paloma,
se descolgaron
y yacen mustios
al borde de mi cuerpo.

No llegaste a tiempo…
y mi cuerpo que ardía
como la llama de una hoguera
en la complicidad del bosque,
se ha quedado
helado y atrapado,
en una red de escarcha.

No sé por qué detuviste tu paso,
no sé por qué senderos
te extravió tu brújula,
o que hermosas sirenas
te llevaron, atado,
a su mágico canto.

Con inútil esperanza
contemplé el camino
que se perdió en la bruma.
Nunca escuche el galope
de tu corcel,
ni vi tu capa ondeando
en el viento.

El canto de las desposadas
ahogó mi grito.
Ayer fue muy tarde…

Y hoy…
Ya no existo…

PASIVA DESESPERACION

¿Qué se hicieron los gritos?
¿Dónde fue la protesta?
¿Dónde clavó su dardo
la desesperación?
Por la sorpresa herida
se le apago la voz
y se quedo doblada
debajo del dolor.

Como ameba enquistada,
como un volcán dormido,
como un oso invernando,
como tigre saciado,
como ejercito en tregua,
como bala atascada,
cual puñal levantado
en una mano atroz.

Cual furiosa emboscada
en silencio profundo,
como veneno oscuro
embasado y sellado.
Cual tierra movediza
por la hierba cubierta
y como un miura herido
esperando el capote.

Como avispero izado
en la copa del árbol,
cual núcleo de huracán
a enrollarse empezando.

Como avión enemigo,
sin motores volando,
como la idea de Einstein
en la tierra incubando.

Que nada se mueva,
que nada provoque la acción,
mantén quieto el pensamiento,
mantén quieto el corazón.

Pisa suave la tierra,
no levantes la voz,
no respires profundo,
corta en trozos la risa,
ahoga el sollozo indómito
en la dócil almohada,

¡No reclames!
¡No reclames por Dios!

Que nada se despierte,
que nada entre en acción.

Mantén ciega y pasiva
tu desesperación.

BESOS DE BESOS

Cuán grande diferencia
entre un beso, un beso…y otro beso…

Besos que no se sienten,
besos que se resienten,
besos que se presienten,
besos que deseamos
pero jamás probamos,
besos que imaginamos
y en la imagen vivimos.

Besos salados
aliñados con lagrimas
o con agua de mar.

Besos interrumpidos
y después continuados
para dar paso
al sonido de la felicidad.

Besos eternos…
Como ventosas
voluptuosas.

Calientes y secos…
Como arena de desierto.
Calidos y húmedos…
Como aire de trópico
Fríos y distantes…
Como un glacial

Besos que dejan huella
permanente.
Y besos permanentes sin la huella.
Besos que no sabemos si sentimos.
O que sentimos tanto…
y no sabemos.

Besos que fabricamos diariamente,
besos que diariamente repartimos.

Con gotitas de miel…
Para los niños.
Con mimos…
Para el perro y para el gato.
Por quedar como un rey…
Con los vecinos
Y entornando los ojos…
Para el guapo.

Con cierta repulsión…
Para el enfermo.
Con oculta esperanza…
Para el rico.
Con casi un estertor…
Para el amante.
Con un poco de envidia…
Hacia el amigo.
Con un vete y no vuelvas…
Al viajante.
Y una ponzoña vil…
Al enemigo.

¿Cual quieres recibir?
¿De cual te ofrezco?
De todos ellos mi lagar reboza.

¿Y con cuál de estos besos,
amor mío…

Inundaste mi boca?

RASTREANDO MÍ ESENCIA

Cómo quisiera elevarme...Elevarme…
Con los ojos cerrados
y los brazos abiertos
como crucificados.

Que el corazón marchara
señalando el camino
y encontrara la clave
de mi esencia y destino.

Cómo quisiera irme….Irme…
Como un globo de helio,
con el alma empujando
las paredes del cuerpo.

Y perderme a lo lejos
por el viento arrastrada,
por un hilo invisible
a la atmósfera halada.

Atravesar galaxias
y rozar las estrellas
y llevarme enredadas
las gaviotas más bellas.

Caer en el mar del cielo
y nadar en la espalda
sin cansancio ni esfuerzo,
sin escuchar sonidos,
en profundo silencio…

Sin sentir este caos
 reventando en mis sienes.

Por el dolor herida,
por la vida asustada.

Y como una burbuja
frágil y delicada,
repleta de vivencias…
Explotar en la nada.

EL ANGEL EN LA PUERTA

Deje el ángel en la puerta…
Hacía frío.
Con suavidad cerré y le murmure:
¡Espérame!...
No penetres,
me sentiría impura,
se avergonzaría ante ti
mi desnudez impúdica,
mis susurrantes palabras,
mis gritos amordazados
por un deseo de siglos.

¡Espera un poco!
El placer dura...
Lo que el aleteo
de una paloma moribunda
atravesada por una flecha
errática.

Los besos…
Lo que dura la sed
frente a una fuente.

Los abrazos…
Lo que el vago sentimiento
de pertenencia.

El roce de las carnes…
Lo que nuestro infantil miedo
 a la orfandad.

La fuerza del respiro…
Hasta comprobar
que no estamos
aún muriendo.

La terneza de la docilidad…
Hasta que la libertad
nos llama a gritos
y la soledad
vuelve a reclamarnos.

El apego…
Hasta que palpamos
que nada nos pertenece,
solo la huella húmeda
de un efímero ardor
que va recuperando
poco a poco
su natural tibieza.

La exaltación…
Tan solo
hasta que el corazón
toma las riendas de su ritmo.

El amor….
Hasta que la futilidad
de las cosas
nos arrebata
la venda de los sueños.

Entonces sabré
que sigo siendo yo…

Abriré la puerta
Y partiré contigo.

ENTRE LA NIEVE BLANCA

Estoy aquí, de blanco…
entre la nieve blanca.

Y derrite la nieve
el calor de mi ansia.

El fuego que me quema.
La lumbre que me abrasa.

Me revuelco en la nieve,
para apagar mí brasa.

Y se inunda la tierra
con diluvios de lava.

ENTRE LA NOCHE NEGRA

*Estoy aquí, de negro
entre la noche negra…*

*Y comprende la noche
el dolor de mi alma.*

*La soledad maldita
que me apresa
y me mata.*

*Y danzo
entre las sombras…*

*Por deshacer, en trozos,
el desamor que arrastro,
el quejido que grito.*

*Mi corazón solloza
enredado en la hierba.
E ilumina la noche
un fulgor infinito.*

NOSOTROS LOS FANTASMAS

*Para vivir la vida
se necesita un elemento
que se llama alegría.
Que hace brillar los ojos,
que pone en las bocas un bonito gesto
y en las gargantas
un agradable sonido.*

*Pero nosotros…los fantasmas…
No podemos vivirla,
tan solo soportarla ,
mientras observamos pasar la dicha
abrazada a otros cuerpos.*

*Nosotros los fantasmas
estamos tatuados
con el hielo de la soledad.
Y nos paramos en las esquinas
con las manos en los bolsillos
y la muerte en el alma.*

*A envidiar el beso
y el abrazo
y el gesto y la sonrisa
y la palabra y el suspiro.*

*Que nunca conoceremos
porque nosotros los fantasmas
tenemos un aspecto amargo
y un corazón invisible.*

NIÑOS

Niños:
Pajaritos sin plumas.

angelitos arrojados al aire
sin las alas.

venaditos sin cuernos.

cazadores sin garras.

corderitos sin lana.

pececitos dorados
arrojados al mar
sin las agallas.

Copitos de dulzura.

manojitos de aromas.

rositas sin espinas.

inocencia y ternura
a la carne mezcladas.

La malicia, la astucia,
el miedo y desconfianza
robo el mago Merlín
para sus magias.

Buscando protección,
se cuelgan en el cuello
de aquel que los maltrata.

colocan su dedito
en la ponzoña
y se mueren sonriendo
a quien los mata.

¿Y por qué las caucheras?
¿y para qué las balas?

¿y para que las sogas?
¿y para que las lanzas?

No entiendo la maldad,
la crueldad me da nausea.

Dios:
Tú que pusiste el cosmos
en acción,
Tu que creaste estrellas
y galaxias,
rotación, gravedad,
miles de soles
y millones de almas.

Bien sabes
que los niños
necesitan,
mucha mas protección,
mucha mas vigilancia,
mucha mas caridad,
mucha mas lastima.

Multiplica tus ángeles
y armalos con espadas,
con músculos de acero,
con ojos en la espalda.

Para vencer la astucia
y destruir la saña,
para acabar los monstruos
sin corazón, sin alma,
que cubren el planeta
de crucecitas blancas.

CANTO A LA SOLEDAD

A quién le importa,
¿Dime?
¿A quién le importa?

Si sollozo en la noche
contra una piedra dura
soñando un pecho amigo.
Si me quemo de sed.
Si reviento de hambre.

A quién le importa
¿Dime?
¿A quién le importa?

Si me duele el olvido.
Si me duele la sangre.
Si tengo un mal deseo
palpitando en la entraña.

A quién le importa,
¿Dime?
¿A quién le importa?

Si mi sueño es etéreo
Y mi quimera eterna.
si jamás se realizan.
Si me bulle por dentro
un gran mar de ternura.
Si me fascina el agua.
Si me gustan los pájaros.
Si se leer bien claro
los ojos de los perros
y en su mirar tranquilo
me cuentan sus anhelos.

¿A quién le importa,
¿Dime?
¿A quién le importa?

Si mi última moneda aposté
a una falsa ruleta de esperanza.

Si me visto de negro.
Si me visto de blanco.
Si huelo a rosa,
a huerto,
a miel,
a estiércol,
a distancia.

A quién le importa,
¿Dime?
¿A quién le importa?

Si deambulo en las calles
y juego al escondite
con mi alma solitaria.
Si brota un nuevo verso
en mi garganta,
escrito en el fragmento
de una lágrima.

A quién le importa,
¿Dime?
¿A quién le importa?

Mi triunfo o mi fracaso,
mi lucha o cobardía,
la flacidez de mi alma.

Si esta noche agonizo
agarrada a mi mano,
a falta de otra mano
que destierre mi frió.

Si mis abiertos ojos
sorben el infinito
y una azul nebulosa
arrebata mi espíritu.

A quién le importa.
¿Dime?
¿A quién le importa?

.QUE TAL QUE...

No quiero remontarme…
Ni en alas intangibles
volar hacia tu orilla…

Que tal que cuando llegue
bañada de caminos,
enredada de vientos,
desgastada de prisas,
hayas partido entonces
a buscar otra boca
peregrina.

No quiero que te cueles
en mis sueños azules…
Y me oprimas el cuerpo
y me exprimas el alma
y le des ilusiones
a mi inconciencia loca….

Que tal cuando despierte
halle el lecho vacío
y sepa que has partido
tras una nebulosa
y que te desdibujas
en volutas de humo.

No quiero presentirte
a mi lado, otra vida
y gozar de tu risa
y nadar en tus iris,
y liarte con mis ganas
y sorberme tus besos…

Que tal que cuando toque
rebuscando tu cuerpo,
otros brazos te apresen
con nudos imbatibles
y otra boca devore
en tu boca… mi savia.

LA ROSA QUE FUI

Me arrastraste por tu vida
como una manta
que se lleva de reserva,
por si el frió o la lluvia
nos toman por sorpresa.

Te acompañe a los campos,
los bares, las iglesias.
A todas partes fuimos los tres:
tu…yo…y tu inseparable insomnio
y a cada petición le di respuesta.

A donde estas desnudo
si ya mi loco amor
no te cobija?
Como no te congelas
sin mi beso,
como puedes vivir
sin mi caricia?

Mi cuerpo rechazado
extraña el pulso de tu piel,
el canal que tu brazo
fabrico en mi cintura,
después de tantos años .

¿Por qué amándote tanto
no me amaste?
¿Por qué arrastraste mi amor
de sima a cima
y entre cada zarzal
lo ensangrentaste?

Lamiste el mundo
con mi sed,
encadenaste mi alegría.

Yo no entiendo por qué
si anidaste en mis senos
no me amaste.

Si bebiste en mi cántaro
de mieles,
yo no entiendo por que
ya me olvidaste.

Si mis manos amantes,
dieron forma a tu pelo
tantas noches…

Si mi dedo marco
tu geografía
y circundo tu boca
sin quemarse.

Si perdone la herida
y camine en tu huella.

Si como frágil
golondrina herida
en tu mano confié
tu me estrujaste.

¿Por qué me dejas
seca como un cardo
y me robas el alma?

¿Por qué no me devuelves
esos años…
el jugo, la tersura,
el brillo de los ojos,
el fruto que tomaste
y saboreaste.

Por qué me dejas
sola y destruida,
si anide tu simiente
en mis entrañas,
y con dolor inmenso
-casi muerta-
tu nombre proyecte?

¿Por qué me arrebataste
de las manos
lo poco que tenia
y después de gastarse
en tanta lucha
las dejaste vacías?

¿Cómo puede un botón,
el caminante,
tener hasta que es rosa
y cuando su calor
troncha los pétalos
con el pie la destroza?

¿Cómo puedes tu sed
en una fuente saciar
y al alejarte…
verter en ella ajenjo.
Y al mirar el caudal
de su amargura
saciarte en otra fuente?

¿Partir por los caminos
de la vida
dejando el mundo atrás
desbaratado.

Y sin volver la vista
al nido destrozado,
caminar anhelante
y decidido
A vivir… un futuro
sin pasado?

COMO QUISIERA...COMO

Como quisiera… cómo
retroceder lo andado.
Como quisiera… cómo
devolver el "caseth"
que ya he grabado.

Como quisiera… cómo
arrojar al abismo
este fardo de sueños,
cada uno Inútil,
cada uno fracasado
y cuanto mas inútil
mas pesado.

Como quisiera… cómo
regresar a su cause
todo el llanto llorado.

Que las espinas
en mi piel clavadas,
volvieran al rosal.

Como quisiera… cómo,
con las alas ya rotas
al árbol regresar,
habitar ese nido
abandonado

y aunque tu
me forzaste
a volar lejos…

Como quisiera… cómo
no haber jamás…
volado.

ES CASI OTOÑO

Luz que se despedaza
entre las hojas…

Olvido que se quiebra
y se amordaza
en el vientre del río.
Olvido oscuro…

Llanto arremolinado
en la pestaña
misteriosa del día.

Beso amargo
que muerde…

La esquives
de unos labios.
Corazón que te busca,
embriagues que te evoca,

abrazo que te cerca,
desnudez que te llora.

Y en este casi otoño,
de mi vida incompleta…

Todo rueda marchito
bajo el sol de tu boca.

ME DILUYO EN EL AGUA

Camino
el panorama extraño
de mi vida,
cubierto
por un manto de polvo.
Me paseo sobre mis ruinas;
y por las grietas
de las piedras caídas,
se oyen murmullos:
risas de niño,
voces de hombre,
gritos y llantos.
Un gato viene y
me maúlla la realidad.
Y tú no estás…

Subo la escalinata,
sostenida
por el muro sumiso,
su blancura se adhiere
a mi mano.
Miro por el postigo
de una ventana,
abro una pequeña
puerta azul.
Y tú no estás…

Corro por la callecita
empinada,
las bugambilias
tejen sombras
sobre mi sol.

Penetro a la iglesia
semiderruida,
Dios esta solo.
Y tú no estás…

Subo aún más
por las piedras
gastadas.
Y desde el mirador
contemplo,
en la acuarela azul
del mar
lamido por el agua,

la pincelada blanca
de una vela…
Es tu barca que parte
y es la única barca.

Se reclina en el muro,
desmayada,
mi perdida esperanza.

Mis ojos te siguen
largamente…
Sollozo mar
y mi mirada
se diluye
en el agua.

SOY POCO PARA TI

Soy poco para ti…Mi caballero.
Soy una humilde,
sensitiva violeta reclinada
y al azar de los vientos
tropezada
por tus viajeros pies.

Soy poco para ti…Mi caballero.
Soy una rosa
que el color perdiera,
y ni tan solo
me quedó una espina,
que con su amante herir
tu alma me abriera.

Soy poco para ti…Mi caballero.
Soy la palmera,
que soñando danzar
sobre las olas,
una simple tormenta
destruyera.

Soy poco para ti … Mi caballero.
La postrimera llama
de una hoguera
que se incendio
por ti,
mi amante amado.
Sigue…
Incendiando,
con tu llama esquiva
todo leño que cruce
por tu vida.

Y dando, con tus ojos
justicieros,
un bautismo de fuego
a mi pecado.

VIDA, DEJAME EN PAZ

Vida deja mi mente
y mi alma en paz,
Retírate y espera en la puerta
hasta mañana.

Yo cerrare los ojos
Y mi respirar será más sosegado.
Penetrare en el misterio del sueño,
recorreré caminos y países
insospechados.

Tal vez en mi sueño recuerde
el dolor de mi realidad,
Tal vez en mi realidad recuerde
la fantasía de mi sueño.

Las pesadillas duelen
hasta que despertamos,
Las realidades
hasta que nos dormimos.

Por eso, vida, tu
con esa red repleta de desencantos
con la que me persigues
incansablemente,

Quédate en la puerta
hasta mañana.
Tú aguarda allí,
hasta que un día,
no regrese de mis sueños.

Hasta que un día
asustada de ti
huya con ellos,
entre los laberintos
de un bosque
intangible.

Y, tu, cansada de esperar
tengas que irte
con tu red, doblada bajo el brazo,
a pescar tristeza,
para otra desamparada
que no seré yo.

DAME TU MANO

Cristo:

Tu sabes que te busco…
Te busco en las hojas
de todos los libros.
En las palabras
de los sacerdotes,
de los maestros.
de los pastores

Que te busco…
En los fulgores dorados del sol.
En el halito de la luna.
En el asombroso aroma y
diseño de las flores.

En el agua refrescante
que purifica mi materia
cada día.
En el candor de los niños.
En la perfección y magnitud
de tus creaciones.

En mis recuerdos,
en mi fe, en mis pensamientos,
en mi soledad,
en mis frustraciones.

Que he aceptado,
con mucha congoja, es cierto,
mis fracasos, mis pérdidas.
Y mis humillaciones.

Que ya no trato
de entender lo incomprensible,
ni de buscar
la causa de mis angustias.

No miro atrás, no busco adelante,
no corro en pos…
de mis quimeras vanas
me dejo llevar dócilmente

Permíteme encontrarte,
estoy desorientada
en la neblina de la incertidumbre.
como una niña huérfana.

Permíteme hallarte,
permíteme entenderte,
permíteme tomar tu mano
y seguirte sin temor. Señor.

No importa hacia
donde me conduzcas.
no importa si me llevas
al Getsemaní
o al Gólgota.

Siempre y cuando
pueda sentir tu mano
sosteniendo la mía,

"Siempre y cuando…"

EL OPIO DE AMOR

Hermoso si…
Indiscutiblemente hermoso,
como un lirio entreabierto…

Tus ojos ocultan
misterios, de velos
y de inciensos…

De jardines secretos,
de paraísos,
de noches encantadas,
de música tocada
en instrumentos desconocidos
y laúdes lejanos.

Hombre ardiente,
niño desvalido.

Penetro en la dulzura
de tu candidez.
Penetro en el encanto
de tu malicia,
pero la puerta
de tu eternidad
me esta vedada.

Labios jugosos…
¿Quien puede escaparse
al antojo de su dulce sabor?
¿De su místico néctar?

Ellos tienen la llave,
del fuego mitológico,
que forja llama en cada poro,
para incendiar
todos los sentidos.

Brazos, piernas,
formas perfectas
en su virilidad.
Inocente…semejas
Un dios dormido.

Piedra y seda,
Fuerza, luz y ternura.

Y yo cometo
la irreverencia
de prenderte
por un momento
a mi carnalidad.

De perder mis huellas
en tu bosque
para buscar el pulso
de tu alma.

Tu urgencia destierra
al dios.
Te olvidas de tu inmortalidad
y tiemblas, en tu concupiscencia.
Humilde
como la hierba
frente a la tempestad.

Te sumerges y emerges
hasta
los confines de la pasión,
hasta donde habita
la vida y la muerte.

Casi dolor…casi grito…
casi sollozo…

Y el corazón camina…corre,
cambia constantemente
de lugar,
bajo la textura
sensible de la piel.

Y pides…y suplicas…
te abandonas…te excitas…
y por momentos mueres,
mas luego resucitas.

Y pierdes el control…
Y pálido te agitas…

Hasta que te desplomas
herido en tu talón.

Piedra y seda,
dios…hombre…niño.

Indefenso y vencido
por mí,
mortal y esclava,
con el opio de amor
alucinada.

Húmeda, palpitante,
por extraña embriagues,
desmadejada,
y con la fuerza huida,

Voluntaria, completa,
sabiamente…
y deliciosamente
poseída.

GRAVITANDO TÚ ORBITA

Tu amor, como un ávido pulpo
ha metido sus tentáculos
a través de todas mis neuronas

Te espero…
Y esta espera
esta tragando
como el toro mitológico
mi irrisoria chispa de vida

Y caigo…
Como una gota de lluvia
Inevitablemente.
Ya no hay regreso a la nube.

Me halas
a tu irreflexiva atracción,

y me consumes
en tus volcánicos precipicios.

Mi frío
no calmará tu fuego.

Tu fuego
no abrigará mi frío.

Pero rodaremos
por siglos…
Sumergidos
en este obscuro abismo.

Tratando de palparnos,
tratando de bebernos.

Gravitando obsesivos
nuestras esquivas
órbitas.

COMO ABEJA EXTRAVIADA

Hambrienta
devoro tu beso.
Tus frutas exóticas
estallan en mi boca
colmándola de mieles.

Como abeja extraviada…
Me poso en cada una
de tus corolas.
Tan vivas, tan dúctiles
para ávida
beber tu néctar.

Me lleno…
Me colmo…
De pies a boca,
de cuerpo a alma.

Y fatigada de deleites
me extiendo sobre la noche
para, maliciosa,
rumiar
tu magia.

TE OBSEQUIO EL MAR

*Y resbalo de ti
por un momento.
Y me alejo de ti
como las olas.*

*Solo para traerte
entre los brazos,
más riquezas del mar,
más diamantes de luz,
más caracolas.*

*Te obsequio los sonidos
de otros mundos,
el eco de otras voces,
y otras flores.*

*Estrellas y delfines
y sirenas.
Los caballos de mar,
los peces de colores.*

*Te acaricio
y te lamo
y te socavo,*

*generosa,
te ofrezco
mis tesoros.*

*Me esparzo sobre ti,
como
una sombra,*

*para ser absorbida
por tus poros.*

HACIA DONDE DIRIGIR MIS ALAS

¿Hacia dónde
extender mis alas?
¿Hacia dónde dirigir mi vuelo?

Contemplo el universo
con las alas desplegadas
y una claustrofobia súbita
me ahoga.

Estoy salida de órbita,
prófuga de mi paradigma,
y huyo veloz
como cierva perseguida
 y desorientada.

Hago giros rápidos,
cada vez más rápidos,
corro en zig-zag,
avanzo rauda hacia el futuro,
pero una fuerza impetuosa
me retorna al pasado.

Mi ser se aturde
en una máquina del tiempo
manejada por una mente loca.

Veo venir y pasar
muchos rostros,
desvaneciéndose,
en individuales nebulosas.

No comprendo su despropósito
ni el mío.
La angustia y el aferro
a una vida
que solo es la máscara
en el carnaval del sueño.

¿Por qué no dejar
sucumbir la materia
que desperdicia energía
dando tumbos de ciego
tratando de huir, de su inutilidad,
con sensaciones que no encuentran
eco, ni acomodo?

¿Con una sed eterna
desesperanzada
de un manantial?

¿Con una caricia, enorme,
que ni siquiera se entrovierte
para sosegar la propia necesidad?

¿Con un interrogante
que paraliza los parpados
con hilos de asombro
y de incredulidad?

¿Con un vacío excesivo
para cobijarse
en los agujeros negros
del espacio?

 ¿Con un sentimiento irracional
martillado a la piel,
encarcelado,
atado con cadenas,
impedido de movimiento
y de expresión?

¿Hacia dónde extender mis alas
si no hay aire en el entorno?

¿Si la oscuridad me ciega
y ni este grito ahogado
puede conmover
las murallas de la indiferencia?

¿Si no hay una mano
que me rescate de este abismo
en donde irremediablemente
me hundo,

Escapando de la carcajada
del cinismo,
del amor diluido,
del gesto de la burla,
de la impotencia de la realidad?

¿Hacia dónde extender mis alas?
¿Hacia dónde?

LIBERACION DE LA TALIBANA

Me levanté del polvo y del silicio,
sacudí la ceniza de mi pelo,
desabroché mi manto,
lavé mi cuerpo con jazmín y aloe
Y desprendí el velo de mi rostro.

Me perfumé y me vestí con sedas,
me cubrí de colores y de flores,
de hojas y pájaros.
Libré mi pelo al aire
y sandalias suaves y ligeras
protegieron mis pies.
Sigilosa abandoné
el vientre de la montaña.

Abrí los brazos y
dance…dance…dance…
Y canté con la música de
la guitarra…
Mi voz brotó dulce y grata
como una fuente elevándose
sobre un manantial de ajenjo.

Contemplé mis manos libres,
mis pies libres,
mi corazón libre
Y revoloteé en el viento.
Me embriagué con uvas maduras,
Reí…
Y el sonido de mi risa
agradó a mi oído.

Me alegré, y el sentimiento
de esa alegría
me colmo de regocijo.

Mis ojos derramaron
sus dos ultimas lagrimas
y brillaron con una nueva luz.

Besé tiernamente
muchos rostros…Y los amé.
Mis hijos me rodearon
y todos eran bellos.

Enclaustré mi dolor
en la concha gigante
de un caracol,
para que el mar lo ahogara
en su oleaje.

Arrojé mi rencor
mas allá de la curva
del horizonte.
Mis íntimos gritos de dolor
lancé desde la cima del monte,

Me coloqué una corona
de preciosas memorias
y el encantamiento de tu voz
me llevó de la mano
por el túnel del tiempo.
El miedo ya no estaba.

Corrí en la punta de mis pies,
me perdí y me encontré
entre el follaje de los árboles
e imité el aleteo de las mariposas.
El aire esquivo de la felicidad
me arropó por un momento.

Pero los rostros que besé
suspendieron sus risas
tan solo en el intento.

Todos los índices apuntaron
hacia mi corazón.
Los ojos hostiles condenaron,
se desbordaron
por el peñasco del asombro.

Vi mi reflejo en sus pupilas
y me avergoncé
de mi capa de hierba,
me avergoncé del sonido de mi risa,
me avergoncé de mi canto
y de mi danza,

me avergoncé de mi libertad,
de mi recién estrenado júbilo.
Y me recogí sobre mi misma,
retrocedí por el túnel
sola y asustada.

Las palabras de tu boca
no eran para mí
y no podía entender el significado
de tu canto.

Le regalé mi atuendo
a las doncellas
y mi corona coloqué
en el cuello del águila.
até la inquietud de mis tobillos,
vestí el silicio,
me cubrí de ceniza,
mi risa apresé en la jaula
de los muertos vivos.

Y desaparecí tragada nuevamente
por el vientre de la tierra.

TENGO EL CORAZON ABIERTO

Tengo el corazón…Abierto.

La luz, está penetrando a ráfagas.
Estoy barriendo hacia afuera
la amargura, los rencores y la rabia.

Tengo el corazón…Abierto.

Por favor no digas nada.,
no hagas nada que lo hiera.
No pongas adentro nada.

Déjame sacar las penas,
déjame secar las lágrimas
déjame extender al viento
de amor, mis sábanas blancas

Tengo el corazón… Abierto.

Para que el sol penetrara
abrí puertas y ventanas
y sacudí las cortinas
y lo adorne de guirnaldas.

Y lo llene con aromas
de salvia, romero y malva
y canela, pino y lama.

Tengo el corazón… Abierto.

Por favor no digas nada,
no hagas que lo hiera
no pongas adentro nada.

Si me vas a herir…Espera;
Voy a cubrir las ventanas.

Si me vas a herir…Aguarda;

Voy a bajar las cortinas,
la puerta voy a ajustarla,
voy a poner el candado,
voy a colocar la tranca.

Si me vas a herir…Empieza;
Puedes decir lo que quieras…

Tengo en corazón…Cerrado
Estoy dentro de mi jaula.

ATREVETE A LLEGAR

Entre los jeroglíficos…
La luz… el vértigo…
El no saber qué pasa…

Esa estrella… la voz…
No te detengas…
No retrocedas…
No resbales…
No caigas…

Atrévete, atrévete, a llegar,
no pienses lo que dejas
en la tierra.
Solo déjate ir.
No pienses nada.

¿Estas lista a partir?
¿A dejar la valija
abandonada?
¿A dejar carro y casa?
¿A dejar la familia?
¿Joyas y trapos,
libros y música,
amistades y sueños,
ambiciones, amores
y esperanzas?

Báñate en luz
para que estés más pura.
Revuélcate en las nubes
para que estés mas blanca.

Echa afuera el rencor,
la amargura, la rabia,
la frustración
y la desesperanza.

Perdónate la falta
de haber pisado un mundo
al que no fuiste enviada.

Aférrate a mi mano y volaremos
a otro remoto mundo,
a otra galaxia.

Allá estarás feliz,
estarás rodeada de gente como tú.
Podrás hablar tu idioma
de aromas y de flores,
de cascadas doradas
y con nubes de hierba,
y con rosas de nácar
y con besos de viento
y el calor de la escarcha.

Podrás hablar con Ángeles
sin que la burla observe.
Podrás hablar del alma.
podrás abrazar cardos
y beberte la noche
como la leche blanca.

Ven… y toma mi mano,
estas equivocada.
Si hay gente como tu.
Allí serás querida
y serás comprendida,
y serás apreciada.
Ven… y dame la mano.
Levanta el vuelo…Martha.

El mundo gira
y yo cuelgo de su órbita.
Cuelgo con una mano sostenida,
al horizonte atada.

flotando etérea
con mi túnica blanca.
Mi pelo, arrastrado
por la velocidad,
quedándoseme.

Mis pies florecidos,
mi pecho abierto al aire,
mis ojos ciegos,
mi boca resignada.

Suéltate.
Desátate.
Y déjate llevar a donde sea
sin metas obligadas,
sin prisas, sin urgencias,
sin miedo, sin lastima,
sin rabia.

Ven y dame tu mano…
Volaremos, sobre mares
y valles,
sobre prados y bosques
y montañas.
Dejando atrás la tierra
como una estrella más,
como un punto dorado
perdiéndose en la nada.

Penetra
con la frente elevada
los brazos, cual saetas,
traspasando una lluvia
de mariposas mágicas.

¿Estas lista a partir?
¿Soltaste tu valija
tan preciada?

Ven…
Penetra la espiral,
penetra el túnel
azul y púrpura.

Abandónate.
Permítete ser absorbida,
arrastrada, succionada.
Vertiginosa…
Entre los jeroglíficos…
La luz,… el vértigo…
El no saber que pasa…

Esa estrella, la voz…
No te detengas.
No retrocedas.
No resbales.
No caigas.

Atrévete, atrévete a llegar.
No pienses lo que dejas
en la tierra.

Solo déjate ir.
No pienses nada.

Martha Castellanos D.

MARTHA CASTELLANOS D.

Martha Castellanos _nació en Málaga, Santander,_
en un tiempo de graves problemas políticos
que obligaron a su familia a desplazarse a Bogotá,
la capital de Colombia, donde creció.
La prematura muerte de su padre trunco
sus estudios apenas en segundo de secundaria.
Pero inclinada desde muy jovencita a las artes y letras
y con una formación autodidacta: elaboró esculturas,
pinto cuadros, escribió cuentos y poemas.
Fue asistente de dirección de teatro,
y de cine foros.
Y fue una incansable lectora.
Todo su trabajo literario y artístico de seis años
desapareció durante un incendio en su casa.
Desilusionada por esta pérdida se olvidó de
sus talentos literarios.
Viajó a Estados Unidos, donde vive en la actualidad
y se dedicó a su vida de hogar.
Sin embargo, más tarde, en sus ratos de ocio,
precisó escribir, nuevamente, para desahogar
sus frustrados amores y su soledad.
Afortunadamente y ya curada del desencanto del pasado
y animada por su hija, pública, este, su primer libro.
Quiere dejar volar, como palomas, estos versos,
para vaciar definitivamente el alma y cerrar
sin dolor la última página.

Printed in the United States
By Bookmasters